Pino Madero

Gandhi

Dados Internacionais de Catalogação na Publicação (CIP)
(Câmara Brasileira do Livro, SP, Brasil)

Madero, Pino
    Gandhi / Pino Madero; | ilustrações Carlo Romagnolo; | tradução Antonio E. Feltrin |. — São Paulo: Paulinas, 1998. — (Coleção: Grandes histórias para pequenos leitores)

    Título original: Gandhi.
    ISBN 85-7311-604-8

    1. Gandhi, Mahatma, 1869-1948 - Literatura infanto-juvenil I. Romagnolo, Carlo. II. Título. III. Série.

98-2202   CDD-028.5

Índices para catálogo sistemático:

1. Literatura infanto-juvenil   028.5
2. Literatura juvenil   028.5

Tradução: Antonio E. Feltrin
Revisão e preparação: Leonilda Menossi
Editoração Eletrônica: Lilian Regina da Silva Borges
Ilustrações: Carlo Romagnolo

2ª edição - 2006

Nenhuma parte desta obra poderá ser reproduzida ou transmitida por qualquer forma e/ou quaisquer meios (eletrônico ou mecânico, incluindo fotocópia e gravação) ou arquivada em qualquer sistema ou banco de dados sem permissão escrita da Editora. Direitos reservados.

Paulinas
Rua Pedro de Toledo, 164
04039-000 – São Paulo – SP (Brasil)
Tel.: (11) 2125-3549 – Fax.: (11) 2125-3548
htpp://www.paulinas.org.br – editora@paulinas.org.br
Telemarketing e SAC: 0800-7010081

© Pia Sociedade Filhas de São Paulo – São Paulo, 1998

A Índia e Gandhi

A Índia é uma região imensa em forma de losango. Estende-se por mais de três milhões de quilômetros quadrados.

Aproximadamente, há 2500 anos antes de Cristo, ao longo do vale do rio Indo, surgiu uma antiga civilização que floresceu durante muito tempo. A Índia foi ocupada primeiramente pelos muçulmanos, depois pelos ingleses. Em 1858 tornou-se parte do império britânico. Na Índia falam-se umas 850 línguas e dialetos. As línguas mais importantes são o hindi e o bengali. É uma União de Estados Federados e a sua capital é Nova Delhi.

Pelo ano de 1500 antes de Cristo, espalhou-se pela Índia a religião védica. Depois, por volta de 800 antes de Cristo, teve origem o Bramanismo, que posteriormente transformou-se no Hinduísmo. A religião hinduísta, ou hindu, venera três divindades principais: Brahma, Vishnu e Xiva.

As pessoas são divididas em castas. A casta mais elevada é a dos sacerdotes ou brâmanes. Em seguida vem a dos guerreiros. Em terceiro lugar está a casta dos comerciantes e dos camponeses. O último degrau dessa escada imaginária é ocupado pelos operários e pelos domésticos: os sudras. Há uma infinidade de pessoas que não pertencem a nenhuma casta ou subcasta: são os fora-de-casta, os párias. São considerados impuros e por isso intocáveis. Tocar um pária significa de fato sujar a própria alma, muito mais preciosa que o corpo.

O culto hinduísta prevê orações, banhos rituais no rio Ganges, ofertas a uma das três divindades principais e peregrinações a lugares sagrados como, por exemplo, à cidade de Benares.

Por volta de 565 antes de Cristo, nasceu na Índia setentrional Sidarta Gautama. Quando tinha trinta anos, Gautama deixou a família e, na solidão, dedicou-se à meditação. Tornou-se Buda, "o Iluminado". Nasceu assim, na Índia, uma nova religião, o Budismo.

Gandhi Mohandas Karamchand, chamado de *Mahatma*, que quer dizer "a Grande Alma", nasceu em 2 de outubro de 1869, na pequena cidade de Porbandar, a meio caminho entre Bombaim e Karachi, no Mar da Arábia. Seus pais eram Karamchand e Putlibai, e já tinham uma filha e dois filhos quando nasceu Mohandas, chamado familiarmente Mohan. A família Gandhi era de religião hinduísta e pertencia à casta vaisesica, a terceira em ordem de importância.

Mohan cresceu na observância rigorosa da religião hindu. Era um rapaz fraco, tímido e arredio. Freqüentava sem muito resultado as séries elementares. Ninguém poderia prever que aquele menino magrinho se tornaria a Grande Alma, o homem que demonstrou que o amor e a verdade são mais fortes que o ódio e a violência; o homem que, mesmo sendo hindu, testemunhou, com a vida e com a morte, as palavras de Jesus, escritas no Evangelho: "Bem-aventurados os mansos, porque herdarão a terra".

Uka, a Lua e Kasturbai

Quando Mohan completou sete anos, os pais mudaram-se para a cidade de Rajkot, a mais ou menos duzentos quilômetros de Porbanbar. Rajkot tornou-se a segunda pátria de Gandhi.

A mãe de Mohan, Putlibai, era quase analfabeta. Era uma hinduísta muito devota: obrigava-se a contínuos jejuns, oferecia sacrifícios às divindades hindus, visitava doentes e pobres levando-lhes socorro. Passava os dias entre a casa e o templo de Rajkot. Os seus quatro filhos acompanhavam-na a toda parte, como pintinhos atrás da galinha choca.

Na casa da família Gandhi trabalhava uma doméstica de nome Uka. Era uma fora-de-casta, uma intocável. Um dia, Mohan ficou por muito tempo olhando Uka que, junto com o filho, estava limpando o quintal. Aproximou-se de Uka que recolhia o lixo. Numa janela da casa, Putlibai o observava. Viu a cena e imediatamente chamou Mohan para casa. Ele tinha então doze anos. A mãe o fez sentar-se no chão e, em tom severo, lhe disse: "Mohan, há pouco você cometeu um pecado horrível. Você aproximou-se de Uka. Quase a tocou. Quer contaminar-se? Quer tornar-se um pária? Nunca mais faça isto, Mohan. Seu pai se envergonharia de você".

Mohan olhou fixa e demoradamente a mãe. Depois disse: "Como pode me contaminar, mamãe, o contato com Uka? É uma criatura humana como eu, como você".

"Cale-se! Basta! Preocupo-me com o seu futuro, Mohan. Quem sabe o que será de você?"

Passaram-se alguns dias. Uma noite, Mohan levantou-se da cama e foi até a janela. Estava previsto para aquela noite um eclipse da lua. Mohan olhava fascinado o céu estrelado, espe-

rando que a lua fosse devorada pela escuridão. Putlibai, sempre atenta a tudo, surpreendeu-o. Tomou-o por um braço e o levou de novo para a cama. Disse-lhe: "Mohan, meu filho, você é incorrigível. Você não sabia que um eclipse pode prejudicar quem o observa?"

Mohan respondeu: "Mamãe, olhar o céu não pode fazer mal a ninguém. Tocar Uka não é mal. Há outras coisas que são más e que fazem mal. Prometo, porém, que vou obedecê-la".

Ao completar treze anos, Mohan, segundo a tradição hindu, devia casar-se. A esposa era Kasturbai, uma menina da mesma idade que ele. Kasturbai era muito bonita. Era filha de um comerciante de Porbandar, amigo da família de Gandhi. Kasturbai tinha um gênio decidido. Alguns anos mais tarde, numa carta a um amigo, Mohan escreveria: "Aprendi a lição da não-violência com minha mulher. Sua resistência à minha vontade e sua serena submissão aos sofrimentos, causados pela minha grosseria, fizeram-me ter vergonha de mim mesmo e curaram-me de minha estupidez de acreditar que tinha nascido para mandar nela".

Da Inglaterra à África do Sul

Mohan completou dezoito anos. Foi mandado para o Samaldas College, uma instituição de ensino superior, a alguns quilômetros de Rajkot. As aulas eram dadas em inglês por professores ingleses. Mohan conhecia pouco o inglês e foi obrigado a sair da escola.

Nessa época, seu pai morreu, e o jovem passou para a tutela do tio e do irmão maior, Laxmidas. Um dia, Laxmidas lhe disse: "Mohan, você tem família. Deve estar à altura de nossa casta. Você vai para a Inglaterra estudar Direito".

Mohan respondeu: "Deixei o Samaldas College porque não conheço o inglês e você quer me mandar para Londres?"

Laxmidas retrucou: "Os ingleses vêm até a Índia, aprendem nossas línguas e nos governam. Não vejo porque nós, indianos, não podemos ir a Londres e aprender o inglês".

No dia 14 de setembro de 1888, com dezenove anos, um pequeno indiano, vestido de indiano, com óculos sobre o nariz, embarcou em Bombaim no vapor Clyde diretamente para a Inglaterra. Gandhi Mohandas Karamchand, o pequeno indiano, chegou a Londres. Fez sua inscrição na Universidade, na faculdade de Direito. Mohan, como todos os hindus, era vegetariano: vivia de frutas e algum doce. Os estudantes ingleses da faculdade zombavam dele: "Você é ridículo", diziam-lhe. "De tanto comer ervas você vai tornar-se uma vaca".

Mohan não respondia. Todas as noites, no seu quarto, sentava-se no chão, cruzava as pernas e, juntando as mãos diante dos olhos, rezava: "Ó Deus, ajuda-me a observar as normas de minha fé".

Um dia, dando uma volta por Londres, encontrou um res-

taurante vegetariano. Entrou e fez uma refeição abundante e variada. Mohan compreendeu que essa era a resposta de Deus às suas orações. Não se calaria mais diante dos companheiros de faculdade. Dizia-lhes: "Comer só frutas e verdura é uma disciplina para o corpo e para a mente. É um testemunho de não-violência para com os animais, que são criaturas de Deus".

Em Londres, Mohan não se envergonhava mais de ser indiano. Não se esforçava mais para parecer inglês. Não desperdiçava o dinheiro que lhe era mandado pelo irmão Laxmidas. Controlava cada centavo que gastava. Cozinhava sua própria comida. Para economizar a passagem de ônibus, andava a pé, todos os dias, cerca de dezesseis quilômetros.

Em 1891 formou-se em Direito e foi admitido na Ordem dos Advogados. Naquele mesmo ano embarcou de volta à Índia. Em Bombaim estudou o Direito indiano. Em 1893 chegou-lhe da África do Sul uma proposta: ofereceram-lhe quarenta mil libras esterlinas por uma causa cível. Mohan aceitou e embarcou rumo ao porto de Durban, na África do Sul.

As primeiras humilhações

Mohan tomou o trem que faz o percurso de Durban até Pretória. Em Pretória, tomaria uma diligência para chegar até Standerton, meta final da sua viagem.

Mohan estava vestido à européia e viajava numa cabine de primeira classe. Tinha guardado sua única mala grande no bagageiro. O trem, já noite alta, chegou à estação de Maritzburgo onde estava prevista uma parada de mais ou menos meia hora. O chefe do trem passou pelas cabines para controlar os bilhetes e documentos dos passageiros. Quando se deu conta de que Mohan era indiano, disse-lhe em tom de desprezo: "Saia desta cabine. A primeira classe é reservada aos brancos".

Mohan respondeu: "Eu paguei regularmente a passagem. Não vou sair daqui".

O chefe do trem era um homem grande e gordo e Mohan chegava-lhe apenas até a cintura. Agarrou Gandhi por um braço, arrastou-o para fora da cabine até o bagageiro e o atirou no meio das malas dizendo-lhe: "Este é o seu lugar, porco asiático!"

Gandhi ficou com os olhos cheios de lágrimas pela humilhação. Cerrou os punhos de raiva. Já era noite avançada. Tomou sua mala grande e desceu do trem. Meio às escondidas entrou na sala de espera da estação de Maritzburgo, sentou-se num banco de madeira e meditou por algum tempo. Estava decidido a deixar a África do Sul. Não podia suportar nenhuma forma de violência ou de racismo. Mas, depois, tomou a decisão que deu sentido a toda a sua existência: por que fugir diante das dificuldades? Decidiu permanecer na África do Sul e lutar para defender os direitos de todos os deserdados, os marginalizados, os fracos e os pobres.

O trem apitou anunciando a partida de Maritzburgo. Mohan pegou a mala e subiu no trem, que já estava em movimento.

Chegando a Pretória, Gandhi tomou a diligência para Standerton. Logo lhe disseram que não poderia sentar-se dentro da diligência com os passageiros europeus. Gandhi cerrou os punhos e calou-se. Ofereceram-lhe um lugar ao lado do cocheiro. Depois de alguns quilômetros, o cocheiro parou os cavalos e disse a Gandhi: "Desça, pobre indiano. Se quiser chegar a Standerton, pode muito bem viajar no estribo".

"Eu fico aqui. Aliás, o meu lugar seria dentro da diligência!" — respondeu Mohan.

Um branco responsável pela diligência atirou-se então sobre Gandhi e começou a bater-lhe com socos e pontapés. Gandhi não se defendeu. Conservou os braços caídos. Alguns passageiros intervieram e seguraram o funcionário enfurecido. Gandhi estava coberto de feridas. Saía-lhe sangue pelo nariz. Mas agora tinha dentro de si uma força que não mais o abandonaria. Gandhi prosseguiu a viagem no estribo da diligência até Standerton. Mas aquela viagem de Durban até Standerton o transformou. No trem, em Durban, havia subido um indiano tímido, introvertido. Em Standerton, desceu da diligência um homem decidido, um homem que mudaria o curso da história não só da Índia, mas de todo o mundo. Em Durban havia subido no trem Mohan Karamchand. Em Standerton chegou Gandhi, o Mahatma.

A opção pela política

Gandhi concluiu a causa cível em Standerton, recebeu as quarenta mil libras esterlinas, depois retornou a Durban com a intenção de embarcar de volta para a Índia.

Enquanto esperava o vapor, folheando por acaso uma revista, leu uma notícia que o perturbou. Um projeto de lei estava para ser apresentado ao Parlamento de Natal, uma província da República da África do Sul. O projeto previa a privação de todos os direitos políticos dos colonos indianos residentes em Natal, província na qual estava o porto de Durban.

Imediatamente, Gandhi reuniu todos os seus concidadãos residentes em Durban e lhes disse: "Ficarei na África do Sul. Este projeto de lei é injusto. Viemos aqui para trabalhar. Os brancos, com esta lei, querem cravar o primeiro prego no nosso caixão".

Alguém lhe disse: "Mas é muito arriscado opor-se aos brancos".

Gandhi respondeu: "Vamos opor-nos à lei sem usar de violência. Sei que arriscando-me na não-violência vou expor-me a um louco perigo. Mas as vitórias da verdade nunca foram conseguidas sem riscos".

Gandhi fundou uma Associação de Indianos. Cada indiano, para financiar a Associação, devia depositar seis esterlinas. Todos os indianos presentes em Natal aceitaram a proposta de Gandhi. Somente um rico indiano recusou-se a depositar as seis esterlinas, julgando a importância muito alta. Gandhi, para convencê-lo, começou então um jejum. Não deveria tocar em qualquer alimento até que aquele indiano avarento não tivesse depositado a quota prescrita. Gandhi, nesta circunstância, pela primeira vez, inaugurou a

prática do jejum como arma política, como instrumento de pressão para obter alguma coisa justa. O indiano avarento, diante da perseverança de Gandhi, cedeu e depositou as seis esterlinas.

A lei contra os indianos foi, no entanto, aprovada, não obstante a oposição da Associação. Os direitos dos indianos em Natal foram posteriormente limitados. Todos os dias eles sofriam humilhações. Eram chamados de *coolie*, que significa "operário". Não podiam sair de noite nem andar pelas calçadas usadas pelos brancos. Não podiam viajar nos trens, nem na primeira nem na segunda classe, mas somente no bagageiro. Se, porém, um passageiro branco protestasse, o indiano podia ser posto fora do trem ou obrigado a viajar no degrau.

Gandhi já tinha feito sua opção: abraçar a luta política não-violenta para que todas as pessoas, de qualquer raça ou religião, tivessem os mesmos direitos.

Em 1896 voltou para a Índia. Tomou a mulher, a belíssima Kasturbai, e os seus dois filhos, Haribal e Manibal, e embarcou de novo para Durban onde pretendia ficar definitivamente. A volta de Gandhi para Durban, desta vez com toda a família, irritou os brancos da cidade. Uma multidão de uns dois mil brancos se reuniu no cais para protestar.

"Eis que chegam os refugos da Ásia. Vocês indianos são uns bárbaros. Vocês se nutrem de arroz e podridão".

Não foi concedida a Gandhi e sua família a permissão para o desembarque.

A opção pela pobreza

O navio foi posto de quarentena, isto é, devia ficar ancorado fora do porto por quarenta dias, como se Gandhi e sua família fossem doentes contagiosos.

Gandhi disse ao capitão do navio: "Os brancos querem impedir que eu desembarque. Querem obrigar-me a voltar para a Índia. Espero que Deus me dê a coragem de perdoá-los. Tenho muita pena de sua ignorância".

Finalmente, no dia 13 de janeiro de 1897, permitiram que Gandhi e sua família desembarcassem.

A multidão dos brancos logo se reuniu no cais. Gandhi, Kasturbai e os dois filhos dirigiram-se com a bagagem para a cidade. Mas a multidão os cercou. Começaram a jogar sobre Gandhi pedras e ovos podres.

Kasturbai e os dois filhos de Gandhi se afastaram. Gandhi ficou sozinho, cercado pela multidão enfurecida. Um europeu, com os olhos vermelhos de raiva, aproximou-se do pequeno

e fraco Gandhi e lhe aplicou um pontapé. Por pouco Gandhi não caiu por terra desfalecido. Agarrou-se ao portão de uma casa para retomar o fôlego. Mas não deu um só gemido. Cerrou os dentes e retomou o caminho. Uma mulher branca, tomada de compaixão, aproximou-se do pequeno indiano.

Os europeus não ousaram continuar o apedrejamento: tinham medo de ferir a mulher branca. Finalmente chegaram alguns policiais que escoltaram Gandhi até a casa de um seu amigo indiano. A multidão dos brancos se amontoou ainda debaixo das janelas da casa. Alguém gritou: "Sai daí, porco *coolie*! Do contrário, vamos pôr fogo na casa".

Disfarçado de soldado indiano, Gandhi conseguiu sair por uma porta nos fundos da casa e se misturou por entre a multidão sem ser reconhecido.

Gandhi foi morar com a família em Joanesburgo, onde abriu um escritório de advocacia. Nasceu então o terceiro filho, Rambdas. Na África do Sul,

nesse meio tempo, explodiu uma guerra entre boêres e ingleses, pela posse das minas de ouro do Transvaal. Os boêres eram os descendentes dos colonos holandeses. A guerra foi vencida pelos ingleses. Mas, para Gandhi, esse conflito foi ocasião de uma nova opção: a da pobreza. O pequeno indiano intuiu que na origem de todos os conflitos, de todas as discriminações, de todas as guerras, estava o dinheiro. Por isso, decidiu mudar-se para uma fazenda em pleno campo. Deixou as roupas européias e trajou a veste hindu dos pobres: um pano branco que desce dos ombros e envolve os quadris. Nos pés calçava simples sandálias.

Na fazenda, trabalhava a terra e se ocupava também dos mais humildes afazeres domésticos. Acolhia numerosos párias, os intocáveis. Com eles dividia o trabalho e a comida.

Muitos indianos iam visitar o Mahatma na fazenda perto de Joanesburgo. A todos Gandhi ensinava a lição da não-violência e da pobreza. Dizia: "A vio-

lência é sempre um pecado. Não é preciso opor a uma espada uma outra espada. Jesus deu o mais luminoso exemplo de pobreza e mansidão. Quem pensa no sofrimento da humanidade não tem tempo para pensar em si mesmo. O significado da vida não está na procura da comida, das bebidas, dos divertimentos, mas no louvor a Deus e no serviço à humanidade".

A prática da não-violência

No dia 22 de agosto de 1906, a *Gazeta de Transvaal* publicou um projeto de lei segundo o qual todo indiano devia dirigir-se à delegacia de polícia mais próxima para registrar-se. Além dos dados de registro civil, todo indiano, homem, mulher ou criança, devia pôr no documento de identificação as próprias impressões digitais. Finalidade da lei: desmoralizar os indianos. As impressões digitais tomavam-se dos delinqüentes comuns. Gandhi compreendeu que aceitar essa lei teria sido muito humilhante para os seus compatriotas.

Num teatro, em Joanesburgo, Gandhi reuniu quase todos os indianos residentes em Transvaal. No palco, envolto em seu pano branco, Gandhi pronunciou um solene juramento: "Em nome de Deus, nunca me submeterei a essa lei. É preciso aplicar a desobediência ci-

vil. Nós não faremos revoltas. Não nos oporemos com a violência. Recusamo-nos a fazer o que é contrário à justiça e à verdade".

A polícia interveio no teatro. Gandhi e outros 150 indianos foram presos. Gandhi foi condenado a dois meses de dura prisão. A pequena cadeia de Joanesburgo não era suficiente para conter um número tão elevado de detentos. Os indianos foram amontoados nas celas com espaço apenas suficiente para deitar-se. Mas a presença de Gandhi na prisão reanimava-os.

Os jornais comentavam o fato; e o governo, para evitar as críticas internacionais, acabou soltando Gandhi e os outros prisioneiros. Foi a primeira vitória da não-violência. Foi a demonstração de que a prática da resistência pacífica pode quebrar as cadeias da injustiça, do racismo, do ódio.

A atitude de Gandhi encorajou todos os indianos residentes na África do Sul. No dia 16 de agosto de 1908, três mil indianos que se tinham registrado e deixado as impressões digitais nos documentos, reuniramse na mesquita de Joanesburgo. Jogaram o próprio certificado de registro dentro de uma grande caldeira em chamas.

O governo fez novos prisioneiros. Gandhi, seguido de muitos indianos, retirou-se para sua fazenda e de lá continuou a pregar a resistência não-violenta a todas as leis raciais. A fama do pequeno indiano vestido de branco já se espalhava por toda a África do Sul.

Também na Índia e na Europa começava-se a falar do Mahatma.

Em 1915, Ghandi voltou para a Índia com a famíla. Não deixaria mais sua pátria. Tinha partido de Bombaim em 1893, com apenas vinte e quatro anos. Desembarcava em Bombaim depois de vinte e dois anos vividos na África do Sul. Gandhi desceu do navio e foi acolhido por uma multidão de indianos entusiasmados. Era considerado um herói nacional. Vestindo sua túnica branca, Mahatma começou uma peregrinação pelas estradas da imensa Índia.

Pelas estradas da Índia

Gandhi percorreu as estradas da Índia para educar o seu povo ao amor e à verdade.

Todos o aclamavam como um santo. O pequeno indiano falava cercado de homens, mulheres e crianças. Dizia: "Quem é rico, possui muitas coisas supérfluas e tende a explorar os pobres. Não é preciso eliminar os ricos. É preciso eliminar a ignorância dos pobres. É preciso ensinar os pobres a não colaborar com os seus exploradores".

A quem o chamava de Mahatma, o pequeno indiano respondia: "Eu sou apenas um homem. Somente Deus é o Ser único, luminoso, o criador de tudo, o Mahatma. Somente a Deus se devem os louvores. Os louvores do mundo não me agradam, pelo contrário, me angustiam".

Gandhi percorria as estradas da Índia e via os pobres morrerem de fome, via as misérias e os sofrimentos de seu povo. Escreveu a um amigo: "Vi a refeição dos pobres, insípida, porque não tinham sequer uma pitada de sal para pôr no arroz branco. Milhões de camponeses não podem permitir-se nem sequer esse tempero. Se os europeus soubessem de onde nasce sua riqueza..."

No dia primeiro de agosto de 1921, Gandhi realizou um gesto simbólico, que marcou o início da luta pela independência da Índia do poder da Inglaterra. Fez amontoar numa praça os tecidos de fabricação inglesa e depois ele mesmo ateou fogo naquele monte de panos.

No espaço de poucos dias ardiam em toda a Índia fogueiras semelhantes. Era um grito de protesto. Era um pedido de liberdade. Era uma implícita reivindicação de independência. Os ingleses fingiam não entender.

Um dia, Gandhi apresentou-se diante de milhares de indianos, tendo nas mãos um fuso para tecer a lã. Depois pediu que pusessem diante dele um tear para se fazer o tecido. Mostrou ao povo esses instrumentos de trabalho e disse: "A nossa independência da Inglaterra deve começar pelo fuso e pelo tear. Para sermos livres é preciso que antes aprendamos a ser autônomos. Aprendamos a fiar e a tecer, e não precisaremos mais dos ingleses e de seus tecidos".

Em 1922, Gandhi foi preso pelos ingleses por incitação contra o governo inglês. Foi condenado a seis anos de prisão. Quando saiu do tribunal, a multidão lá fora, que o esperava há dias, ajoelhou e beijou o chão por onde Mahatma passava. Gandhi disse diante da multidão exultante: "Quando a prisão é o preço pago pelo dever cumprido, então devemos sentir-nos felizes".

Gandhi permaneceu dois anos na prisão; depois foi libertado porque sua saúde estava definhando. Em 1930 Mahatma mandou uma carta ao vice-rei inglês, que representava na Índia o poder supremo. Na carta anunciava um acontecimento que abalaria não somente a Inglaterra, mas o mundo inteiro: a marcha do sal. No dia 12 de março, Gandhi, que tinha então sessenta e um anos, partiu de Sabarmati diretamente para Dondi, uma cidade situada no Mar da Arábia.

A vitória da não-violência

Apoiando-se numa bengala, Gandhi marchou em direção a Dondi, seguido por milhares de indianos. O imenso cortejo percorreu quase quatrocentos quilômetros. O cortejo aumentava ao longo do percurso. Eram milhares e milhares os indianos que seguiam o Mahatma nessa marcha do sal. Finalmente chegaram em frente ao oceano. Gandhi, levantando até os joelhos a sua veste branca, entrou descalço nas ondas. Raspou de uma pedra um punhado de sal. Depois elevou bem alto a mão. O sal era monopólio do governo britânico e os indianos pagavam ao governo uma taxa sobre o sal. Com a marcha do sal e com o gesto de recolhê-lo diretamente do mar, Gandhi cometia uma desobediência civil. Disse então à multidão que o aplaudia: "Deste momento em diante não pagaremos mais a taxa do sal".

Gandhi foi preso, mas os protestos dos indianos obrigaram o governo inglês a soltar o Mahatma.

Explodia então a Segunda Guerra Mundial. Gandhi, pacifista convicto, recusava-se a apoiar os países em guerra entre si.

Foi preso ainda várias vezes. Em 1944 também Kasturbai, a mulher de Gandhi, foi presa junto com o marido. A belíssima Kasturbai morreu na prisão em 22 de fevereiro de 1944. Gandhi tinha então setenta e cinco anos. Durante sua vida passou ao todo cerca de sete anos em dura prisão.

Finalmente, em 15 de agosto de 1947, Gandhi, o Mahatma, já famoso em todo o mundo, obteve do governo inglês a independência da Índia.

O pequeno indiano vegetariano dobrou o colosso inglês usando somente o meio da não-violência.

Gandhi não participou dos festejos da Independência. Retirou-se numa casa em Nova Delhi e todas as tardes recolhia-se em oração junto com um grupo de fiéis. A oração da noite era feita no jardim que rodeava a casa, cercada por um muro alto.

A independência da Índia e a retirada do exército inglês provocaram desordens e conflitos entre as várias seitas religiosas e as diversas raças que povoavam o imenso país.

Na tarde de 20 de janeiro de 1948, lançaram um explosivo por cima do muro da casa de Gandhi. No jardim estavam, com o Mahatma, muitos hindus entretidos em oração. A bomba explodiu sem provocar feridos. Gandhi ficou profundamente amargurado com esse acontecimento. Compreendeu que a violência não aceitava ser derrotada pelo amor. Compreendeu que para vencer a violência era preciso estar sempre atento. Depois da explosão daquela bomba, Gandhi voltou-se para o grupo de fiéis e disse: "Meus amigos, não vamos recuar diante da violência. Não vamos perder a coragem. Não se salva a Índia com bombas. O caminho a percorrer continua sendo um só: o caminho do amor. A vitória da não-violência é certa".

A luz do amor

Depois do atentado, todas as noites Gandhi continuava a realizar seus encontros de oração no jardim. A polícia indiana procurava proteger o Mahatma contra outros atentados. Muitos fanáticos hinduístas odiavam Gandhi porque o consideravam responsável pelas desordens surgidas depois da independência. Ghandi não permitia que a polícia revistasse os fiéis que vinham todas as noites rezar no seu jardim. O Mahatma, sorrindo, dizia aos oficiais da polícia: "Se devo morrer, é melhor que eu morra durante a oração. Vocês, com suas armas, não podem proteger-me. O meu protetor é Deus".

Na noite de 30 de janeiro de 1948, Gandhi, como de costume, saiu de seu quarto e desceu até o jardim onde já estavam reunidas cerca de quinhentas pessoas. Gandhi apoiava-se com os braços nos ombros das duas netinhas, Ava e Manu, que o Mahatma jocosamente chamava de "as bengalas da minha velhice".

O grupo dos hindus abriu-se à sua passagem. Muitos se puseram de joelhos. Gandhi elevou as mãos e as uniu diante dos olhos na típica saudação indiana. Disse com voz fraca, mas firme: "Meus amigos, desculpem-me pelo atraso".

Um hindu saiu do meio da multidão e aproximou-se do Mahatma. Inclinou-se como se fosse prostrar-se diante do mestre. Depois tirou de sob a roupa uma pistola e disparou três tiros seguidos contra o peito do Mahatma. Gandhi caiu por terra sobre um lado. Disse somente duas palavras em língua hindi: "*Hé, Rama!*" (Ó, Deus!).

Tinha ainda as mãos juntas diante dos olhos em sinal de saudação. Saudou os amigos, saudou a vida, saudou o mundo, saudou talvez o seu assassino.

Uma saudação que era perdão. Esse gesto foi o último grande gesto do pequeno e frágil homem que mudou a história.

Os projéteis que transpassaram o peito de Mohandas Karamchand Gandhi, chamado "o Mahatma", que quer dizer Grande Alma, não pararam a história. O amor, a verdade, a mansidão, não morreram naquela noite de 30 de janeiro de 1948. Antes, tornaram-se mais fortes. Com a sua vida e com a sua morte, Gandhi demonstrou que o mal não poderá derrotar o bem. Demonstrou que o ódio nunca poderá vencer o amor.

Dos microfones da Rádio Delhi, o primeiro ministro da Índia livre e independente, Shri Jawaharlal Nehru, chamado Pandit, comunicou ao mundo a notícia da morte de Gandhi com estas palavras: "O Mahatma Gandhi morreu. A sua luz se apagou. O pai da Índia, o amigo, o consolador de todos não existe mais".

O anúncio da morte de Gandhi espalhou-se como um relâmpago por todas as partes do mundo. Todos os indianos choraram a morte de seu pai, sobretudo os pobres, os pequenos, os fracos, os perseguidos por causa da justiça, os mansos. Choraram mas não se resignaram. Porque sabiam que a luz acesa por Gandhi, que é também a luz do Evangelho, a luz mesma de Cristo, jamais poderá apagar-se. Porque sabiam que nenhum projétil poderá matar o amor ou deter a verdade.

Índice

A Índia e Gandhi 3

Uka, a Lua e Kasturbai 5

Da Inglaterra à África do Sul 8

As primeiras humilhações 10

A opção pela política 13

A opção pela pobreza 15

A prática da não-violência 19

Pelas estradas da Índia 22

A vitória da não-violência 26

A luz do amor 29

Impresso na gráfica da
Pia Sociedade Filhas de São Paulo
Via Raposo Tavares, km 19,145
05577-300 - São Paulo, SP - Brasil - 2006